JN437806

잡화 살롱

잡화 살롱

초판 1쇄 2015년 11월 23일
지은이 강지원
펴낸이 김영재
펴낸곳 책만드는집

주소 서울 마포구 양화로3길 99 4층 (04022)
전화 3142-1585·6
팩스 336-8908
전자우편 chaekjip@naver.com
출판등록 1994년 1월 13일 제10-927호

* 잘못 만들어진 책은 구입하신 서점에서 바꾸어드립니다.

* 본 도서는 2015년 한국문화예술위원회, 부산광역시, 부산문화재단 지역문화예술특성화지원사업의 일부 지원으로 제작되었습니다.

부산문화재단

ISBN 978-89-7944-554-1 (04810)
ISBN 978-89-7944-354-7 (세트)

책 만 드 는 집
시인선 076

잡화 살롱

강지원 시집

책만드는집

| 시인의 말 |

흘러라
바스러질 때까지

흘러라
그리워질 때까지

흘러라
그래서 새로워질 때까지

—2015년 가을
강지원

| 차례 |

2부 물방울 분양하기

3부 활주로의 긴 혓바닥

4부 몽고반점 피는 저녁

5부 노랗게 젖은 아리아

1부

폭식증 앓는 도시

도마

매운 마늘 다질 때는 눈물도 맺혔겠지
애호박 늙은 호박 칼집에 꽃이 필 때
온몸에 새긴 실금만 한 줄 두 줄 늘어나

비릿한 달빛 무늬 돋아난 듯 배어 있고
소금기 절여진 저 얼룩의 무게들

묵묵히 다 받아주고
견뎌오신
어머니

메트로놈

보면대 위의 바람 오선지를 놓는다
방음벽 틈새마다 폐지 겹겹 두르고
건반을 먹어치운 선율 쫄고 있는 비둘기

제 박자 놓쳐버린 서울역 시계탑엔
풀어졌다 조였다 날갯짓 퍼득이고
파리한 대리석들이 그림자 열고 있다

그들은 여전히 흔들리고 있는 게다
축축이 젖은 채로 두 발을 끌고 가는
플랫폼 빗방울 소리 가을을 이탈하다

낙엽

가을은 제 가슴에
저울을 다는 계절

한 잎 한 잎 떨어뜨려 가벼워진 가로수가

폭식증 앓는 도시에
처방전을 내린다

잡화 살롱

벽과 벽 또 가르며 물방울 끓고 있다

샹들리에 불빛이 테이블 구워가는

눈보라 불을 켜는 밤

그대 또한

안녕하신지?

푸른 수의

해조음 비탈길에 서서히 녹고 있다
새들은 포복하며 아침을 밀어내고
기억은 사선을 건너 파월선을 타고 있다

관통된 철모 위로 풀씨가 날아간다
마당에 엉겨 붙은 세월이 더듬거린
사진 속 아버지의 미소 초록 물이 번지고

바람이 전언하는 숲길을 따라가다
베트남 고개 너머 총성이 흩날리며
봄날은 푸른 수의를 천천히 입고 있다

바퀴

흙터 안고 달리는 도로 위의 몸살들

차창에서 떨어지는

소리들을 받는다

물처럼 출렁거린다

퇴근길 성좌

어지럽다

센텀시티

바람벽이 굽은 몸을 지나가며 할퀴고
창 너머 쏘아 올린 불빛들이 흘러내려
새벽의 도로를 따라 단단히 굳어간다

코딩된 상상 속의 갇혀버린 신세계
밀봉된 백화점 문 포장지를 뜯어낸다
주름진 에스컬레이터 와르르 쏟아지고

광고 한 편 the 샵 그대 삶을 반올림
과열된 아파트가 헛발질하는 오후 한때
꽉 막힌 네거리에서 수신호를 찾고 있다

틈

도배해온 봄 햇살을 잠시나마 내놓는다
영화의 전당에선 그날처럼 비가 와서
서술형 답안지마다 줄거리를 읽고 있다

리뷰를 달고 있는 추억은 설핏 붉고
시간은 앙감질로 풋잠 들다 깨어난다
슬픈 땐 영화자막처럼 외롭거나 비가 온다

폭염

프레임 위에 쏟은
고개 숙인 해바라기

그 몸이
뜨거워져

꽃봉오리 벌어지고

덧칠한 아스팔트 유화
쩡하고 갈라지는

옛집

뾰족지붕 문을 열면 미라보 다리 아래
눈 감고 흘러가는 센 강이 흐른다
설레임 교차하는 강물 풍금 소리 절어 있다

코발트빛 연인들 아폴리네르의 미라보 다리
5월의 파편들이 눈부셔 아득하고
쇳소리 철컥이는 골목 그 이별도 흘러라

손가락 사이를 빠져나간 클로버잎
탈색된 책갈피의 사다리를 오른다
치르르 현을 켜는 풀벌레 그 사랑도 흘러라

도라지꽃

흑건을 타고 있는 심장 약한 그 소녀

바삭한 건반들이 호흡을 가다듬어

보랏빛

환한 버짐을

달빛에

주고 있다

밀밭

오베르의 집시가 건네는 낮은 하늘

가난한 성좌처럼 기대어 바라보는

외딴 방 황금색 파도치는 세 갈래의 협주곡

칼 군무를 추고 있는 도시의 골짜기로

바람은 쟁강쟁강 누구의 귀 오리는지

봉인된 손편지 뜯어 별밤지기 하고 싶다

* 파리 근교 '오베르 쉬르 우아즈'에서 후기 인상주의 화가 고흐의 그림 〈까마귀가 있는 밀밭〉과 만나다.

BMBA 마을*

얼기설기 엉켜 있는 묘지 마을 지나서
바람이 눈을 뜨고 우리 곁에 있었다
햇볕과 하늘과 비 사이 그리고 대지 사이

자투리땅 밟고 있는 홀씨 날아오른다
죽은 자의 무덤보다 더 작은 산 자의 집
가난한 눈망울에 비친 허리 꺾인 거미줄

더 잃을 것 없어도 새들처럼 가볍다
민들레꽃 어깨에 코흘리개 아이들
귀 맑은 별빛이 앉는다
두 손 모아 잡는다

* 필리핀 마닐라에 있는 빈민 마을.

조조 영화

환절기 극장가에 영사기 돌아간다
매복된 불빛들이 까만 동굴 속에서
긴 하루
팝콘처럼 가벼운
시간을 먹는다

굽은 등 어깨 위로 헐거워진 지정석
붉게 물든 레드카펫 무명 배우 지나가고
조명을 부둥켜안은
그림자 희미하다

2부

물방울 분양하기

갯배

귀밑에 푸른 밤이 가시처럼 걸려 있다
반원을 그리다 만 등을 맞댄 연기가
파도에 흠집을 내며 결들을 일으킨다

철근 위로 끌려온 주름진 아바이마을
향수처럼 누운 하늘 비릿함에 수런거려
태엽을
되감은 바다
오늘도 건너간다

물고기

마린시티 부동산
중개업소 다이얼

뜰채로 걷어 올린 알전구들 팔랑인다

어항 속 갈퀴 세워둔

물방울
분양하기

팔손이

시간도 물살 타는 지느러미 달려 있나
12월 비진도에 내려놓은 가속들
팔손이 전설 깃든 숲에 잠시나마 숨는다

쌍가락지 빼지 못한 해변의 산기슭엔
초록의 손가락들 팽팽하게 감겨 있어
꽃처럼 끓어오르는 파도를 안고 서다

그리운 남국 소식 날아가 듣고 싶다
밤마다 떨어지는 별빛을 모이 삼고
겨울새 날개를 활짝 펴 수평선 바라본다

황금의 비*

누군가 그랬단다 목이 길어 슬프다고
누군가 속삭인다 그 눈동자 아프다고
누군가 끄덕여본다 그럼에도 신비롭다고

허물 벗어 촘촘 튀는 노오란 꽃잎들
수직을 거부하는 칸타타의 머리칼
바람의 새장을 연다
전설의 나비, 나비

* 천경자 화백의 1982년 작.

벽시계

그 봄이 또 그렇게 흘러가고 남아 있다
11자로 줄을 잇는 자동차의 행렬들
심장은 깜박거리며 새순을 피워내고

벽을 타고 숲으로 들어서는 시간들
햇살은 쏟아져서 나를 살살 흔들고
동그란 불빛 속 마을 12시에 멎는다

산수유 애기똥풀 그리고 제비꽃
틱택톡 틱틱택톡 한 풍경을 새기며
내 안에 들어온 너는 이미 태엽 돌려 있다

길고양이

뾰족한 교복 입고 아이들 서성인다
툭 터져 뭉개지는 가방 속 노트와 책
전송된 카카오톡 밀며 털 고르기 한창이다

뾰족한 운동장 뾰족한 교실 지나
밸런타인 화이트데이 도장 꽝꽝 찍으며
공장형 인스턴트 기념일 달달하게 비벼댄다

히치하이킹

달빛 푸른 등대가 덜컹이는 그 봄날

무임승차 해안 따라 하르르 떨어지는

저만치 가고만 있네

4월이 지고 있네

터

주름진 바람에도 휜 허리 붙잡는다

파장된 시장 어귀 할머니의 바구니

봄 하늘 뉘엿뉘엿 지는 노을을 담는다

아린 듯 붉어지는 꽃다운 날은 가고

구멍 난 미로처럼 먼지 숭숭 드나드는

간신히 지탱한 반 평

그루터기 찍는다

읽지 않은 시

혼탁한 날에는 도서관에 눌러앉아
유리병 속 뿌리들이 분갈이를 하고 있다
렌즈는 줄기를 뻗어 바람만 스캔할 뿐

투명하게 박혀 있는 책 한 권 고르는 건
대출과 반납 사이 분리되지 못한 언어
책갈피 가라앉은 소리 조용히 휘젓는다

번호를 부여받은 책꽂이에 기대어
이름 없는 시인의 시집을 펼쳐 든다
눅눅한 봄날의 도서관
진달래 지고 있다

허난설헌

길 위에 오동나무 바다로 창을 내어
새벽은 눈을 떠서 갈증을 펴 올리고
흐르는 공간을 모아 치마폭에 담는다

풀 소리 바람 소리 먹 향에 실어 보낸
난새는 길을 잃고 굴레에 갇힌 세상
우르르 하늘을 이고 소나기로 내린 밤

부용꽃 스물일곱 송이송이 매듭지어
눈밭에 그대 입김 화인처럼 뜨거워
초당에 부는 바람이 시문詩文을 새긴다

거식증

채널에 갇힌 그녀 화면을 빙빙 돈다
스스로 멈춰버린 마스크 쓰는 아침
장롱 속 털실을 풀어 안개꽃 뜨고 있다

손등에 매달리는 뼈와 살의 기억들
한 숟가락 밀어 넣은 유통기한 없는 상처
포장된 미디어들도 바코드 검열 없다

클릭된 관심들은 덧니들이 자라고
재생하는 봄날엔 다시 필 수 있을까
유리벽 문을 나서며 그녀를 토해내다

돌탑

짊어진 무게만큼
길은 더욱 아득하고

내려놓은 돌 하나를
또 쌓아 올리는 일

느슨한 달빛을 조인다
새 한 마리 날고 있다

바닷새

비릿한 파도 너머 바람을 불러온다
허공에 숨비소리 휘이익 숨 돌리면
밤새워 뒤척이던 파도 단단한 섬 하나

돌담길 모퉁이에 용두암 출렁인다
구멍 뚫린 까만 돌 초가집도 헐거워
배고픈 산노루 내려와 두 귀가 쫑긋하다

휘파람 소리 날며 둥지 엮는 저물녘
저 멀리 한라산엔 진달래 지천인데
어머니
그물을 끌어,
건져 올린 귀한 생

가을 동행

가을이 춤을 춘다, 바람을 지고 서서
간밤에 떨어져 간 노오란 은행잎이
총총히 떨어져 버린 별빛들을 떠받든다

때 놓친 달개비꽃 호숫길 곱게 피고
줄 고운 다람쥐들 부끄러워 도망가면
깊어진 가을 너머로 윗옷 벗은 감나무

햇볕이 정갈하게 내리쬐는 가을 오후
바람에 묻혀 오는 잘 익은 가을이
모퉁이 돌아다니다 담장 위에 내려앉다

3부

활주로의 긴 혓바닥

거미

산 그림자
낮게 걸린 처마 끝의 이방인
숨죽인 기슭마다 바람도 덫에 걸려
빈 하늘 고리를 물어 곡예를 하고 있다

밑줄로 그어놓은 하루가 걸릴 즈음
달 기운 풀어놓은 활주로의 긴 혓바닥
시간은 허공을 감싸며
거미가
흔들린다

줄타기

거꾸로 매달린 세상을 바라본다
시야는 지상에서 서서히 멀어지고
팽팽한 외줄을 걷는
바람이 멈춰 선 날

부피를 알 수 없는 거대한 회색의 벽
삐걱이는 하루를 볼트로 다독이며
터진 손 사이로 부는
정釘과 정釘의
공명들

안전모에 고리 끼워 단단히 여며오는
철근을 쌓는 새벽 사다리를 놓는다
제2막
겨울 소나타
한 장을 건너다

설경雪景

옥탑방 창문들은 별을 향해 뻗는다
바람이 불어오고 육각의 방 열리면
투명한 나뭇가지들 흔들리고 있겠지

바람이 귀를 대고 조용히 듣고 있다
숲 속의 눈밭 위에
피어난 복수초
창백한 얼굴을 씻는다
뽀드득 발의 문장文章

수혈

직립의 가로수가 촉수를 더듬어서
신호등 불빛들이 별들을 세고 있다
골목의 잎사귀들 속
징검다리 건너간다

그대에게 가는 길 물방울이 떠돌고
누워 있던 바람이 손끝에 젖어들어
떨어진 어둠의 소리
귀를 열고
마음 열고

정박

일상을 저울질한
오후 3시가 눈을 뜬다

커피색
짙은 하늘
우물에서 퍼낸 바다

입속엔 깔깔한 망각의 벽
물고기의
혓
바
늘

려미 김

매일 아침 너무 낯선 공기의 이명耳鳴들

스펀지로 말아 넣은 기억의 회로들이

소읍내 거리를 돌다 처엄벙 가라앉고

지구대를 찾아온 푸른 눈의 노신사

퍼즐처럼 흩어진 조각들은 사라져

풍경 밖 앵글을 돌려 한 사람을 찾는다

물푸레나무 같은 생의 이별이었다지

줄기 뻗은 그리움이 수풀처럼 자라서

날마다 이별하는 남자

입을 벌린 그림자

* 영국 출신 노신사 '고든' 씨의 이야기. 사랑하는 아내 '려미' 씨가 세상을 떠났지만 알츠하이머에 걸린 고든 씨는 이 사실을 모른 채 아침이 되면 또다시 아내를 찾아 헤매고…….

무성영화

꼬리를 말아 올린 젖은 공기 사이로
도시는 걸어간다 이정표 지운 길 위
수줍게 내려앉은 하늘 바람을 전송한다

차르르 돌아간다 무성영화 필름들이
정지된 시간들을 도시 위에 뿌리며
흑백의 미로를 찾아 수증기로 채워본다

삐걱대던 바람이 발밑에 쌓여 있다
열어둔 하늘 자락 소리 없이 기우는데
목소린 들리지 않았다, 교차로가 걸려 있다

브레이크 타임

출근길 하마의 입 닫혔다 쏟아진다
공처럼 부풀어진 도시의 사무실에
미생의 신입 사원들 업무 서류 쌓여간다

굴촉성 복사기의 전원을 누른다
팽팽한 스펙들의 수식어를 자르는
헤즐넛 향기를 담은
검은 꽃
찢는 하오下午

무명 화가

처얼썩

손을 깎아

바다를 세워본다

해운대

도화지 속

낮게 나는 갈매기뿐

빈 의자

파도를 감는다

미완성의

풍경화

물랭루주*

색실을 들고 있는 몽마르트르 집시 여인

스텝을 밟은 노래 밤은 가고 밤은 온다

꽃무늬 너울지며 오는 퐁네프의 연인들

당신의 손 줄기를 타고 오는 빛의 산란

순간에 정지한 채 반쯤 잘린 화면 속

춤추는 곡선의 무희 밤의 기운 차갑다

* 프랑스 파리 몽마르트르의 번화가 클리시 거리에 있는 댄스홀. 프랑스어로 '붉은 풍차'(Moulin Rouge)라는 뜻. '앙리 드 툴루즈 로트레크'의 그림.

봄비

건널목 저 너머에

숨은 그림 찾고 있다

신호등 초록 불빛

수채화로

번져오고

빗소리

귀엣말 듣다

살풋 비친

봄의 맨발

풍경

바람은 풀잎이랑 스치듯 지나가서
산그늘이 빠져나간 태엽을 감고 있다
녹슬은 시계추 소리 공중에 매달린다

허공뿐인 산속에서 일렁이던 물고기
뎅그렁 피어오른 고요가 흔들리고
먼바다 지느러미가 산사에 젖어들어

적막한 햇살들이 합장을 올린다
후드득 빗장 풀어 소리 그물 날리면
법문은 해를 부르고 달마의 강 건넌다

옹기

빛바랜 추억들이 하나둘 걸어 나와
그 길옆 순이네 집 정물처럼 앉아 있다
마당엔 무뎌진 세월 꼬리 밟고 자라고

겹쳐진 사연들은 가슴에 끌어안아
투박한 몸뚱이로 하늘을 안고 있다
뜨겁게 구워진 하늘 자꾸만 흘러내려

삽살개 짖어대는 마당 깊은 별초당
낮달이 나뭇잎에 가만히 드리우면
흐린 물 옹기 속에서 말갛게 일어선다

이력서

기우뚱 중심 잃은 도시의 스펙들
원산지를 떼어낸 꼬리들은 퇴화하고
봄 햇살 덜 익은 채로 대학로를 찌른다

복원력 잃어버린 고층 건물 불빛들
교정엔 아카시아 분분히 날리는데
라이너 마리아 릴케
잔잔히 적어본다

4부

몽고반점 피는 저녁

닻

바다가 지고 있다, 그 여자의 베란다에

배를 품은 파도는 무인도 섬을 돌아

수장된 내일을 풀어 저녁달에 묶는다

벽 속을 기어 나온 하이힐 소리들이

회색의 벤치 위에 늦은 꿈을 꾸는지

굴절된 재즈의 선율 입속으로 흘리든다

서서히 미끄러져 무너지는 물안개

암호를 미는 등대 은하수를 당기고

충혈된 도시의 파편 메아리로 박힌다

돈키호테

건조한 마른 풀이 흙먼지 홰를 친다

미술관 건너편에

물때 앉은 조각상

수평선 투구를 쓰고 탈환하는 저 도시

눈의 꽃

압니다 당신을요 그래서 가렵니다
중앙선 별빛들이 은하수에 번진 밤
고요한 숲 속의 길은 표류하듯 떠나고

온 천지 일어서듯 소리 없는 눈부심을
계절이 지나고서 당신이 보고픈 건
흐린 듯 흔들어대던 시간 위로 쏟아져

눈꽃은 4월 속에 벚꽃 물 불어대고
기억은 환생하듯 가지 끝에 매달려
뽀드득 소리를 씹으며 거리를 나섭니다

목어

소리는 낮고 길어 수평선 어디일까
메아리 방향 잃어 뚜 뚜 뚜 타전하면
자꾸만 허물어진 빙벽 바다 위에 떠돌고

사찰엔 물거품만 뎅그렁 출렁인다
긴장한 산허리는 바다로 달려갔나
바람은 서그럭서그럭 파도 따라 잠기고

달빛은 온 세상을 하얗게 보듬어서
촉촉한 비늘 하나 허공에 말린다
골마다 소리를 그으며 침묵의 길 열었다

손

흔들의자
안마의자

속 깊은 너를 만나

비스듬히 걸린 거울
바로잡아 볼 일이야

노곤한 내 몸을 삼켜
몽고반점 피는 저녁

홍차의 집

떫은맛 말줄임표
물수제비 풍덩 한다

13월의 댕기휜죽지
부리로 쓰는 편지

찻잔에 올려놓은 수영강
토닥토닥거린다

빗줄기

새벽녘 날 깨우는
나지막한 작은 울림
빗줄기 꺼내 든 손
허공 한번 쓸어내면
베란다 창문 틈으로
소금쟁이 원 그린다

풀잎에 고인 세상
밤새워 뒤척여도
몰려온 들판길에
작은 꽃잎 떠받들어
하늘은 호수가 되고
그 안에 나를 담근다

유리의 숲

–해운대 마린시티

근력을 키운 바람 수초처럼 넘실거려
무성히 튀어 오른 나뭇잎 현을 켠다
초록이 바스러질 때 우수수 일어서는

우울한 물의 상자 초인종을 누른다
3001호 벽시계 길게 끄는 오르골 소리
불빛들 꼬리를 물어 목을 빼는 고층 건물

둥글게 흘러내린 뾰족한 각 별의 지문
반사되는 물결 위에 나무를 심고 있다
동백섬 밀어 올리며 젖은 날개 퍼덕인다

붉다

히말라야 테두리 밖
짐꾼들은 생계이다

다비식
줄을 이어
열반에 든
나무들

아버지
생의 등고선
깊고 짙게 열린다

뉴스, 끄다

분장한 대본 위로 붉은 등 점멸點滅한다

큐 사인 내보냈던 계절에도 줄을 그어

엇박자 말의 피로를 왈칵왈칵 쏟는다

벤치 위에 떨어지는 파열음과 마찰음

포개진 속지 안에 갈색 잎 묻어온다

발밑에 소리를 연다

가만히 들려온다

따수화*

바람이 목을 조여 사방은 빗금이다
가난을 두드리며 쇳소리도 울고 있고
황토의 거친 숨소리 은하계를 벗어났다

긴 어둠에 불이 켜져 판화처럼 누운 마을
절망을 담금질한 쇠들은 부화하고
석탄은 이글거리며 빛들을 잉태한다

깍지 낀 어둠 위로 신들을 깨우는
태양 빛은 영글어 옥수수를 키우고
대지는 눈을 비비고 비상하는 봉황새

* 중국 황무지 마을 '놘취안'의 마을 축제. 1600도 펄펄 끓는 쇳물을 담벼락에 퍼부어 수천 개의 불꽃이 하늘로 흩어지며 장관을 이룬다.

소묘 1

시동을 거는 창에
바다가 부딪친다

파도는
벽을 치며
음악처럼 쏟아져

겨울 숲
햇살에 널며
일어서는
환희여

불꽃놀이

띠를 두른 도시가 스멀스멀 돌아누워
도로 위 깃발들이 녹아내린 아스팔트
해거름 빌딩을 건너 바다로 풀어놓다

해풍에 떠내려온 신발의 끈 가라앉아
물속은 몇 개의 길 생의 철문 두드리고
그 여자 손바닥에서 우수수 쏟아내는

광안대교 밤바다에 쏘아 올린 국화 송이
철판 위에 별빛들 지문처럼 찍히고
펑 펑 펑
터지는 하늘 꽃잎을 박아놓다

섬과 비올라

–비올리스트 용재 오닐의 〈섬집 아기〉를 감상한 후

끼루룩 섬이 운다 풍경 하나 내려앉은
조그만 섬마을에 해당화 낮게 피고
아기는 햇살을 품어 모래성을 만든다

화면 속 메아리는 온음표에 객석 한 칸
4분음표 쪼개져서 점점이 날아간다
바다는 자맥질하며 선율을 캐어 오고

햇살 같은 미소 뒤에 쓸쓸한 해무처럼
도시의 등대 불빛 소라 껍질 파도 따라
지나간 바람개비 돌려
닻을 올려 세운다

5부

노랗게 젖은 아리아

셰르파

퉁퉁 부은 능선이 무릎까지 차오른다

가쁜 숨 내쉬면서 횡격막을 지나가는

거칠게 구부러진 길

투욱툭 찍혀 가고

고산의 관절들이 삐거덕거릴 때에

물집 터진 운동화 소금꽃 피고 있다

절벽을 등짐에 진다

심야버스 졸고 있다

대천탕

구부정한 골목들이

대롱대롱 매달려서

또옥 똑 떨어지는

도시의 후면들을

물속에

받아 적는다

허리 통증

도진다

덕혜옹주

휘어진 소리 따라 길 하나 열어본다
직선을 가로지른 태평양의 고리들
기모노
갇혀버린 얼굴
해풍에 펄럭인다

부화되는 그리움 매화꽃 화관 씌워
벚꽃에 내려앉은 오랜 시간 추스르며
힘겹게 햇살을 풀어
역사의 끈 묶는다

혼절한 기억의 등 깃털은 깨어 있어
고국으로 오는 봄 더디게 디딘 걸음
낙선재
바람으로 눕는다
매화꽃 눈부시다

탱자나무

노출되는 구름이 차갑게 터져버려
하늘은 비가 되고 작은 새는 속삭인다
바람이 벽을 넘을 때
저 멀리 아득한 경계

가시는 고요의 눈
가시는 날카로운 혀

더 깊게 부르르 몸을 떠는 잎사귀들
노랗게 젖은 아리아
심장의 말 듣고 있다

맨홀

소리에 베이면서

직각으로 떨어지는

그림자 풍덩 하고

어둠 속에 빠진다

내 발등 찍기도 하지

달빛 한 점 없는 날

보석 세공

뒤척이는 원석들이 반짝이고 싶은 게다

겨울의 기어를 올린 한남대교 진입로

풍경은 폭설에 잠겨 브레이크 밟고 있다

흘러나온 불빛들이 가만히 속삭인다

돋보기로 보듬은 나무들이 길을 내고

모서리 제 몸을 깎아 둥글게 음각 새긴

어두운 골목마다 보석을 닦는다

덜컹이는 정류소 주물에 부어 넣고

신호등 깜빡거리듯 별똥별 떨어진다

환승

과속으로 달린 시간

브레이크 파열되어

수만 겹

복제된 날들

실핏줄이 터진다

경계선

그곳을 향한

애드벌룬

띄운 날

가을 서정

숲들도
졸리운 눈
가만히 거두는 밤

그리움 부풀어서
갈대가 몸을 풀면

풀벌레
산 깎는 소리
소복소복
내린다

어떤 자화상

–맥도날드 할머니*

빌딩에 걸린 달빛 무심히 내려온다
기억 속에 방을 놓아 제자리로 돌아가는
할머니 생의 이력이 수은등에 머뭇댄다

커피빈 스타벅스 카페베네 투썸플레이스
화석처럼 굳어가는 둥지를 건너간다
구멍 난 가족의 이름 싹둑싹둑 잘리고

심야의 맥도날드 불빛도 가라앉아
칼잠 자는 도시는 둥둥둥 떠다니고
견장을 떼어낸 흰 눈
컹컹컹 짖고 있다

* 2010년 SBS 〈궁금한 이야기 Y〉에 '맥도날드 할머니'로 소개되었던 권하자 할머니는 2013년 7월 '무연고 변사자'로 처리되어 '추모의 집'에 안치되었다.

골목 속으로

대로변 빌딩 지나 속 깊이 들어선다
내 안의 나침반이 두리번댈 잠시 동안
길 곳곳 발자국 찍는다
돌아보며 걷는다

떨어진 목련꽃이 발의 그늘 드리운다
시골의 텃밭 같은 도시의 낯선 얼굴
섬으로 풍덩 빠져든 나도 지금 섬이다

소중한

휴대폰 앱 다운 받아

비트를 까는 강가

웃음 고운 지난날

앰프의 파동 뒤에

나날이 새로워지는

가을은

성큼 성큼

뮤직박스

볼륨을 재단하는 CD가 돌아간다
가까이 더 가까이 잘린 귀 더듬으며
응고된 E메일 열어 사연을 읽고 있다

더 낮게 부드럽게 스며들어, 흔들리며
주파수에 맞춰진 DJ의 목소리
그 골목 퇴화 못 한 달빛 수은등 붉어지고

무표정한 겨울날 시그널 송 울린다
투영된 길들이 귀 맑게 열리는 밤
내일은 젖은 잠 털며 연둣빛 압침 꽂는다

숨은그림찾기

혼곤한 잠 속에서 깨어나는 빌딩 숲

낙엽을 밟으며 완행열차 오른다

지나온 이름 모를 역 다시 발길 멈추고

덕수궁 돌담길을 떠다니는 연인들

책갈피에 끼워둔 희미해진 회색 글씨

잔잔히 풍금 소리 맞춰

노래하는

붉은 잎

판화

지퍼를 여는
오전 10시
회전문 돌아간다

짝퉁 같은 봄을 파는
백화점 할인 행사

긁는다
무이자 할부
찍는다
쇼핑 홀릭

| 해설 |

사물이 매개하는 일상적 감각과 사유의 틈

염창권 시인 · 광주교대 교수

강지원의 첫 시조집 『잡화 살롱』에는 사물을 매개로 하여 사유를 이끌어 가는 인간의 고독감이 짙게 배어 있다. 섬세한 감각적 기포들이 지면을 박차고 떠오르며 낯선 신비감과 함께 신인으로서의 만만치 않은 존재감을 드러낸다. 그의 시조에서는 사물들을 섬세하게 어르고 쓰다듬는 여성의 손길을 느낄 수가 있다. 몸으로 느끼는 감각적 기억이 모자이크처럼 무늬를 이루고 있기에 쉽사리 의미화할 수 없는 내밀함에 다가선다.

흔히 신체 지각의 방법으로 시각, 청각, 후각, 촉각, 미각 등의 오감과 함께 근육감각, 기관감각을 사용하는데, 시각은 주체로부터 감각 거리가 가장 멀고 촉각 쪽으로 올수록 가까워진다. 시각 중심의 문화는 남성적 특성을 반영하며 촉각적 문화는 여성적 특성을 반영한다고 했을 때, 여성적 문화가 사물과의 거리를 가깝게 둔다는 뜻이다. 시각 중심의 문화와 대조되는 다양한 감각적 지각의 혼합, 애매모호함 등은 여성적 문화를 반영하는 것으로 페미니스트들은 평가한다.

강지원 시조의 첫 번째 특징적인 면은 도시적 삶으로부터 곡진하게 건져 올린 생의 질감이다. 이 밖에도 앞에서 말한 감각적 기억을 통해 사물에 중첩된 일상을 읽어내는 힘이 특색으로 드러난다. 여기서 우리는, 강지원 시조를 통과하는 내밀한 감각적 표상들이 그 자체로 시인의 정신세계를 이루는 것이자 현존의 한 상태를 구체화한 것으로 볼 수 있다.

내밀內密

삶의 무늬들을 섬세하게 바라보는 것은 내밀의 무한에 말을 건네는 것이다. 물방울 하나, 세포 하나에도 우주적 원소들이 가득 차 있고 그 자체로 소우주를 형성한다. 「정박」에서는 나른하게 정박된 일상이 "오후 3시"를 기해서 눈을 뜬다고 한다. 주체화된 "오후 3시가 눈을" 뜨는 것은 "일상을 저울질한" 결과이니 때를 거른 이 시각에 "커피색 / 짙은 하늘"과 "깔깔한" "혓 / 바 / 늘"이 불편한 몸의 기색을 드러낸다.

일상을 저울질한
오후 3시가 눈을 뜬다

커피색
짙은 하늘
우물에서 퍼낸 바다

입속엔 깔깔한 망각의 벽
물고기의
혓
바
늘

—「정박」 전문

여기서 "정박"된 것은 몸이다. 이 무거운 몸을 일으켜 세우는 것은 일상의 인력과도 같은 것이니 거역할 수 없다. 그러나 "입속엔 깔깔한 망각의 벽"이라고 했으니, 일탈의 기억을 몸이 먼저 말해준다. 특히 '혓바늘'로 돋은 오후 3시의 감각적 상황은 예민한 시적 화자의 각성의 상태를 보여준다. 오후 3시의 늦은 기상을 개념화하여 설명하지 않고 몸의 상태 자체를 현재화하는 시조이다. 이와 같이 일상은 사물들이 매개하는 감각으로부터 발생하고 인식될 수 있는 것처럼, 이에 대한 몸 지각의 양태가 현존을 지탱하는 조건이 된다.

표제작으로 내세운 「잡화 살롱」에서 일상의 소품들이 삶을 매개하면서 "그대"에 대한 관심을 불러일으킨다.

벽과 벽 또 가르며 물방울 끓고 있다

샹들리에 불빛이 테이블 구워가는

눈보라 불을 켜는 밤

그대 또한

안녕하신지?

—「잡화 살롱」 전문

제목이 '잡화 살롱'인바, 이곳은 일상의 소품들이 매개하는 삶의 공간이자 사교의 장소이다. "물방울 끓고" "샹들리에 불빛이 테이블 구워가는" 때에, "눈보라 불을 켜는 밤"의 기다림은 그 자체로서 충족적이다. "물방울 끓고" 잡화들이 매개하는 감각들로 풍성해진 살롱은 방문객에 대한 묘사가 없는 채로 텅 비어 있다. 그럼에도 기다림을 전제로 하지 않고 있는 이 자기충족적인 방은 "그대 또한 // 안녕하신지?"와 같은 질문을 던지면서 타자의 주체성과 고독을 긍정한다. 여기서 '그이'가 아닌 '그대'와 같은 익명성의 중성적 객체를 호출한다는 점에서 시인의 타자 지향은 범주적이며 동등성에 바탕을 둔 것으로 보인다. 즉, 잡화상을 채운 사물들과 마찬가지로 우리 인간들도 익명성의 주체로서 각자의 자리에서 존재자로서 위치를 부여받고 있는 셈이다.

시인이 배치한 잡화 살롱은 영화 기법으로 말하면 일상적 삶을 장면화한 미장센이다. 유리창 밖에서 안을 들여다보듯 우리는 이 미장센에서 얼비치는 시인의 내면을 풍경첩처럼 들여다볼 수 있다. 여기서 눈길을 끄는 표현은 중장의 "샹들리에 불빛이 테이블 구워가는"과 같은 부분이다. 모호성을 야기하는 이 구절은 불빛에 노출된 사물이 '구워진다'는 내

포적 의미를 가지고 있는데, 불빛과 시간에 노출된 사물이나 대상이 구워지며 요리되어 대상화되는 것은 영상 노출의 기법과 유사한 의미를 획득하게 된다. "잡화 살롱"의 "샹들리에 불빛"에 노출된 사물들의 세계를 들여다보는 내포 독자인 관람자의 '눈', 즉 "그대"를 의식하고 그대의 안부를 묻는 것이다.

꼬리를 말아 올린 젖은 공기 사이로
도시는 걸어간다 이정표 지운 길 위
수줍게 내려앉은 하늘 바람을 전송한다

차르르 돌아간다 무성영화 필름들이
정지된 시간들을 도시 위에 뿌리며
흑백의 미로를 찾아 수증기로 채워본다

삐걱대던 바람이 발밑에 쌓여 있다
열어둔 하늘 자락 소리 없이 기우는데
목소린 들리지 않았다, 교차로가 걸려 있다
—「무성영화」 전문

「무성영화」에서는 소리를 지운 뒤의, 장면화場面畵만이 전면에 클로즈업된다. 여기서 “무성”이라 함은 스쳐 가는 이미지의 잔상을 이야기할 뿐, 나머지 감각들은 오히려 증폭되어 있다. “젖은 공기”, “수증기로 채워본다”, “발밑에 쌓여 있다”와 같은 시구들은 존재의 부피감과 중량감을 드러낸다. 무성영화에서 스쳐 가는 화면과는 다른 감각적 차원에서 도시적 일상의 축축함과 답답함을 부각하는 것이다. 즉, 무성영화의 프레임 밖에서 바라본 도시적 일상이 이 시의 주요 모티프라 하겠다. 셋째 수 종장의 “목소린 들리지 않았다, 교차로가 걸려 있다”와 같은 부분은 말로써 선언될 수 없는 사물의 실재성에 대한 믿음을 토대로 미궁에 빠진 도시를 주제화한다. 앞의 시조 「잡화 살롱」이 프레임 안에서 밖을 향해 질문을 던졌다면, 「무성영화」는 프레임 밖에서 영화라는 허구적 잔상들을 에워싸면서 기포처럼 부풀어 오르는 도시의 익명적 현실을 감각적으로 재현한 것이라고 볼 수 있다.

현상을 넘어서서 대상의 본질에 감각적으로 다가서려는 시인의 의지는 「뉴스, 끄다」에서 강화되어 나타난다. 뉴스를 “끄”는 까닭은 그 자체가 “분장한 대본”과 같은 것으로 참다운 실재나 본질을 알려주는 것이 아니기 때문이다. 그래서 시인은 뉴스에서 나타나는 ‘무딘 장면’, 즉 분장이 겉으로 드러나면서 뉴스조차도 허구적인 구성물에 불과함을 알아차리게 하는 장면들을 목격하게 된다.

분장한 대본 위로 붉은 등 점멸點滅한다

큐 사인 내보냈던 계절에도 줄을 그어

엇박자 말의 피로를 왈칵왈칵 쏟는다

벤치 위에 떨어지는 파열음과 마찰음

포개진 속지 안에 갈색 잎 묻어온다

발밑에 소리를 연다

가만히 들려온다

—「뉴스, 끄다」 전문

이 시조의 첫째 수에서는, "뉴스"가 "엇박자 말의 피로를 왈칵왈칵 쏟는다"고 평가되면서 시대적 불화와 고통을 언급

한다. "뉴스, 끄다"라고 했을 때, 이 시대적 삶에 대한 응전보다는 도피의 기색으로 읽히면서 사회적 실존에 대한 책임감의 문제로 연결될 수 있다. 그러나 뉴스를 끈 뒤에 귀를 곧바로 닫아버린 것이 아니라 방향을 바꾸어 내밀을 향해 열어두고 있기 때문에 이 문제로부터 어느 정도 자유로워질 수 있다. 이는 생의 본원적 가치, 사람 사이의 신뢰에 바탕을 둔 것으로, 자칫 순진한 것으로 내비치기 쉬운 타자에 대한 믿음과 존중에서 구원이 이루어질 수 있음을 넌지시 이야기하기 위함이다. "포개진 속지 안에 갈색 잎 묻어온다 // 발밑에 소리를 연다 // 가만히 들려온다"라고 했을 때, 존재의 내밀성에 귀를 기울이는 것이며 이 무한을 향해 다가서는 몽상의 순간이야말로 치유의 힘을 갖게 되면서 진정한 대화적 관계에 들게 됨을 암시한다.

중첩重疊

내밀의 무한이 기억을 향해 열릴 때는 지속의 시간에 파문이 일며 삶의 결이 물무늬처럼 중첩된다. 오늘의 무늬가 어제의 무늬와 겹쳐지며 두툼하게 배접되는 것처럼 기억의 부피를 늘려가는 것이다. 따라서 과거의 한 장면은 그 자체로 회복되는 것이 아니라 우리의 마음 전체에 의해 이끌려 건져 올려지는 것이다. 하이데거에 의하면 기억은 "깊이 숙고되면서 간수되기를 바라는 것에서 연유한다"고 하였다. 즉, 진정한 기억이란 나의 현재성 속에서 함께 살아가고 있으며 나를 구성하고 있는 것, 그 자체인 것이다. 따라서 현재 나에게 감각적으로 주어진 일상으로부터 부름을 받지 못하고 의미화되지 않는 기억이란 쓸모가 없는 것이다.

아래 시조에서 "옹기"는 추억을 담아두는 저장소와도 같은 것이다. "흐린 물 옹기 속에서 말갛게 일어"서는 것은 기억이 가진 힘이다.

빛바랜 추억들이 하나둘 걸어 나와
그 길옆 순이네 집 정물처럼 앉아 있다
마당엔 무뎌진 세월 꼬리 밟고 자라고

겹쳐진 사연들은 가슴에 끌어안아
투박한 몸뚱이로 하늘을 안고 있다
뜨겁게 구워진 하늘 자꾸만 흘러내려

삽살개 짖어대는 마당 깊은 별초당
낮달이 나뭇잎에 가만히 드리우면
흐린 물 옹기 속에서 말갛게 일어선다
—「옹기」 전문

이 시조는 "순이네 집"에 "정물처럼 앉아 있"는 "옹기"를 매개로 하여, "겹쳐진 사연들"을 말갛게 우려낸다. 실상 그 사연들은 가슴으로 품어 함께 살아온 날들이며, 추억으로 아로새겨진 나의 역사들이다. "투박한 몸뚱이로 하늘을 안고 있"는 옹기를 바라보는 것은 현상으로 보이는 것을 넘어 생의 애착과 관련된 본질적 사유를 보여주는 것이다.

몸의 역사성을 떠올릴 때, 몸에 덧씌워진 시간성을 비켜갈 수 없다. 몸의 관찰자는 반드시 먼저 몸의 시간을 확인하지 않으면 안 된다. 균형을 이룬 몸의 아름다움이나 피부의 질감도 특정의 시간에 결속되어 있다. 오늘의 나는 어제의 나가 아니듯, 오늘의 몸은 어제의 몸에 관한 기억을 어느 정도 간직하고 있을 따름이다.

보르헤스는 "시간이란 인간의 본질을 이루나 따지고 보면 그것은 하나의 환상에 지나지 않는다. 따라서 인간도 하나의 환상"이라고 말한다. 이와 다른 측면에서 질 들뢰즈는 "과거의 한 장면은 현재의 감각과 이전의 것이 마주침으로 인해 떠오른 것으로, 그것들은 그대로 (우리의 의도와는 상관없이) 우리에게 주어지는 것"이라고 한다. 즉, 기억이라고 말하는 장면은 현재 우리가 마주친 감각이 과거의 감각 기억과 연합되면서 소생된 이미지인 것이다. 다시 말하면, 과거라고 호칭되는 기억은 우리의 전체 마음에 이미 함께 살고 있었던 어떤 이미지 상태로서의 환상이라고 볼 수 있다. 이러한 관점에서, 「푸른 수의」와 「도마」를 통해 시인의 개인사적인 연원을 추적할 수 있다.

「푸른 수의」는 파월선을 탔던 한 장병의 "관통된 철모"를 푸른 봄의 감각을 통해 불러내고 있다. 흔히 봄이 선사하는 감각은 생명의 탄생에 따른 희망과 신비감을 환기하는 데 적합하다. 그러나 이 시조는 거듭된 소생이 이루어지는 봄이며, 한 병사의 죽음에 "푸른 수의"를 입혀서 거듭 장례를 치르는 의식화된 봄이다.

해조음 비탈길에 서서히 녹고 있다
새들은 포복하며 아침을 밀어내고
기억은 사선을 건너 파월선을 타고 있다

관통된 철모 위로 풀씨가 날아간다
마당에 엉겨 붙은 세월이 더듬거린
사진 속 아버지의 미소 초록 물이 번지고

바람이 전언하는 숲길을 따라가다
베트남 고개 너머 총성이 흩날리며
봄날은 푸른 수의를 천천히 입고 있다
—「푸른 수의」 전문

여기서 아버지의 상실은 봄의 상실과도 같은 의미를 지닌다. 이로써 탄생하는 봄은 다가오지 않고 봄 감각을 통해 소생하는 봄, 아버지에 대한 기억을 통해 "사진 속 아버지의 미소 초록 물이 번지"는 것과 같은 기억의 장례식이 반복될 따름이다.

아버지에 대한 기억은 "사진"과 같이 간접화된 것으로, "베트남 고개 너머 총성"처럼 반향이 먼 메아리로 다가온다. 반면에 어머니에 대한 기억은 살갗을 파고드는 실금 같은 섬세한 무늬로 내면에 각인되어 나타나는 실체적 체취를 동반한다. 한편으로, 어린 시절 순이네와 함께했던 추억이 투박한 옹기로 환유되면서 관찰 대상으로 작용하였다면, 어머니의 희생적인 삶은 "도마"로 환유되면서 내면화된다.

매운 마늘 다질 때는 눈물도 맺혔겠지
애호박 늙은 호박 칼집에 꽃이 필 때
온몸에 새긴 실금만 한 줄 두 줄 늘어나

비릿한 달빛 무늬 돋아난 듯 배어 있고
소금기 절여진 저 얼룩의 무게들

묵묵히 다 받아주고
견뎌오신
어머니
—「도마」 전문

이 시조에서 "도마"는 어머니의 환유물이니, 그 도마의 살갗과 부피와 무게감은 어머니의 삶에 중첩된다. 한마디로 "매운" 운명이자 "실금만 한 줄 두 줄 늘어나"는 세월이었다. 첫째 수가 가혹한 운명을 꽃으로 피우면서 점차 주름진 몸의 세월을 껴입게 된 어머니의 몸을 "도마"를 통해 환유하고 있다면, 둘째 수는 어머니의 삶에 대한 시적 화자의 가치 부여가 이루어지는 대목이다. 매운 마늘 냄새가 배어 있고 세월의 잔주름을 겹쳐 입은 어머니의 몸, 혹은 도마의 모습에서 "묵묵히 다 받아주고 / 견뎌오신 / 어머니"와 같이 의미 부여가 이루어지면서 어머니의 헌신적인 생애가 부각된다. 몸에서 느껴지는 우주적 기운인 "비릿한 달빛 무늬 돋아난 듯 배어 있"으며, 인고로 다져온 세월은 "소금기 절여진 저 얼룩의 무게"와 같이 삶의 중량감을 갖고 있다. 다른 시조에서도 "어머니 / 그물을 끌어, / 건져 올린 귀한 생"(「바닷새」)과 같이 어머니의 희생적인 삶은 원형적 생성력의 깊이로 심화되면서 결핍된 부성의 자리를 대신하는 충족적인 가치를 갖게 된다.

일상日常

다시 일상으로 돌아오면, 시적 화자의 현존은 일상적 사물과 깊이 연관되어 있음을 알 수 있다. 실상 경수필輕隨筆을 뜻하는 미셀러니miscellany는 잡화상과 같은 일상적 삶을 통해 통찰을 얻어내는 글쓰기의 한 방식을 나타낸다. 결국 우리네 삶의 진실은 거창한 것에 있는 것도 아니고, 사소하고 소소한 일상적 삶을 통하여 건져 올려진 것이며, 이를 상념하고 글로 남기는 것이 작가의 몫일 따름이다.

혼탁한 날에는 도서관에 눌러앉아
유리병 속 뿌리들이 분갈이를 하고 있다
렌즈는 줄기를 뻗어 바람만 스캔할 뿐

투명하게 박혀 있는 책 한 권 고르는 건
대출과 반납 사이 분리되지 못한 언어
책갈피 가라앉은 소리 조용히 휘젓는다

번호를 부여받은 책꽂이에 기대어
이름 없는 시인의 시집을 펼쳐 든다
눅눅한 봄날의 도서관
진달래 지고 있다
—「읽지 않은 시」 전문

시적 화자는 시를 읽으며 봄날의 하루를 견디고 있다. 여기서 '견딘다'라는 표현은 일상의 무료함을 나타내기에 족하다. "눅눅한 봄날의 도서관 / 진달래 지고 있다"라고 했을 때, 시간이란 그렇게 흘러가듯 피었다 지고 있는 것이다. 이 피고 지는 봄날에 "이름 없는 시인의 시집을" 꺼내어 읽고 있는 까닭은 무엇일까? 그것은 "유리병 속 뿌리들이 분갈이를 하고 있"는 것과 마찬가지로 시간의 부력이 삶의 한 형상으로 짓누르고 있기 때문이다. 즉, 부피를 늘려가는 삶의 하중은 폐쇄적인 시공간이 가져오는 답답함을 토로하지만, 이를 들여다보는 "렌즈는 줄기를 뺀어 바람만 스캔할 뿐"이다.

일상적 삶은 「조조 영화」를 관람하는 것만큼 시간을 소비하면서 가벼워지는 것을 연습하게 된다. "긴 하루 / 팝콘처럼 가벼운 / 시간을 먹는다"라고 했을 때, 영화에서 제시되는 허구적 진실이 문제가 아니라 현재적 삶 자체가 허구적 일상으로 환치되면서 끝없이 가벼워지고 있다는 각성을 보여준다.

환절기 극장가에 영사기 돌아간다
매복된 불빛들이 까만 동굴 속에서
긴 하루
팝콘처럼 가벼운
시간을 먹는다

굽은 등 어깨 위로 헐거워진 지정석
붉게 물든 레드카펫 무명 배우 지나가고

조명을 부둥켜안은
그림자 희미하다
–「조조 영화」 전문

그러나 일상적으로 소비되는 현재적 삶은 무가치하며 스스로를 외로움에 빠져들게 하는 요인이 된다. 우리의 모든 일상이 "붉게 물든 레드카펫"을 지나가는 "무명 배우"와 같은 배역을 이행하는 것에 불과하다. 끝에서 "조명을 부둥켜안은 / 그림자 희미하다"라고 했을 때, 일상적 인간들의 실존적 무게를 되비추는 것이며 존재의 그림자가 희미해지면서 축소되어가는 인간 군상의 고독을 대변하는 것이다.

이상에서 살펴본 바와 같이, 강지원의 시조는 일상적 사물이 야기하는 이미지의 틈에서 발생하는 사유를 통해 그 삶의 속살을 느끼고 들여다본다. 사유하는 주체는 사물 속에 침투하면서 자아와 사물 간의 경계가 허물어지게 되는데, 이와 같은 일상적 삶이 야기하는 감각적 이미지들은 영사막 위에 환영처럼 뿌려진다. 보르헤스의 말처럼 우리의 실존 자체도 하나의 환상에 불과할지 모른다. 일상적 사물들을 질료로 살아가는 일상적 삶은 허공에 뿌려진 기포처럼 언젠가는 흩어져 사라질 것이다. 결코 서둘러 단언하지 않고 은근슬쩍 내색하는 강지원 시인의 어법은 충분히 낯설게 느껴질 만큼 새로움을 가졌다고 본다. 앞으로 이와 같은 사물에 대한 내적 침투가 원형적으로, 실존적으로 더욱 깊어지길 바란다.

강지원 시인의 첫 시조집 『잡화 살롱』의 상재를 거듭 축하드리며, 그의 낯선 발랄함이 문단의 활력소로 자리 잡기를 기대한다.